"도형의 이동" 이렇게 보세요

평면도형을 이동시키는 방법에 대해 살펴보는 권이에요.
밀기, 뒤집기, 돌리기는 합동이나 대칭, 평면도형의 성질을 이해하는 기초가 돼요.
'도형의 이동'을 읽기 전에 그와 관련된 내용을 다룬 앞선 권을 읽어 보아요.

도형
- 23. 도형의 이해
- 24. 원
- 25. 각과 각도
- 26. 삼각형
- 27. 사각형
- 28. 다각형
- 29. 입체도형
- 30. 입체도형의 전개도
- 31. 쌓기나무
- 32. 도형의 이동
- 33. 합동과 닮음
- 34. 대칭

함께 읽으면 도움이 돼요.   꼭 먼저 읽어 보세요.   해당 권이에요.

감수 권오남

서울대학교 수학과에서 석사 학위를 받은 뒤, 미국 인디애나 대학교 수학교육학 석사, 수학 박사 학위를 받았고
현재 서울대학교 수학교육과 교수로 있습니다. 2009년 서울대학교 교육상을 수상했으며,
제12차 국제수학교육대회(2012) 국제조직위원, 유네스코와 국제수학연맹에서 주관하는 'Mathematics of
Planet Earth 2013' 심사위원을 맡았으며, 한국수학교육학회 부회장, 대한수학회 사업이사로 활동하고 있습니다.
교육과학기술부와 한국과학창의재단에서 지원하는 스토리텔링 고등학교 모델 교과서 연구책임자이며,
한국교육과정평가원 자문위원, 과학예술영재학교의 수학중심 융합교육과정과 교과서 개발 연구책임자로 활동하고 있습니다.

감수 신준국

서울대학교 수학교육과를 졸업하고 미국 오클라호마 대학교에서 박사 학위를 받았습니다.
현재 충남대학교 사범대학 학장으로 있으며, 한국수학교육학회 부회장을 맡고 있습니다.
교육과학기술부와 한국과학창의재단에서 지원하는 수학 스토리텔링 모델 교과서를 연구·개발했으며,
지금은 인성 교육 중심 수업 강화를 위한 수학 교과 교수·학습 자료를 연구·개발하고 있습니다.
쓴 책으로는 중학교 수학 교과서 및 지도서, 고등학교 수학 교과서 및 익힘책 등이 있습니다.

글 서동선

대학교에서 국어국문학을 공부하고, 지금은 어린이책을 만들고 있습니다.
쓴 책으로는 〈삼이 문제야〉, 〈친구야, 미안해〉, 〈내 친구의 비밀〉 등이 있습니다.

그림 이지희

대학에서 불문학을 전공하고, 현재는 어린이책에 그림을 그리고 있습니다.
다양한 재료로 자유로운 선과 화려한 색감이 있는 예쁜 그림책을 많이 그리는 게 바람입니다.
그린 책으로는 〈세상에서 젤 말랑말랑한 물리책〉, 〈놀이 동시〉, 〈첫 클래식〉,
〈조각 피자가 좋아〉, 〈누구 꼬리지?〉 등이 있습니다.

스토리텔링 개념수학 32 도둑 잡아라! 도둑!

총기획 및 발행인 박연환
발 행 처 한국톨스토이
출 판 신 고 제406-2008-000061호
본   사 경기도 성남시 분당구 대왕판교로34번길 23 한국헤르만헤세 빌딩
대 표 전 화 (031) 715-8228
팩   스 (031) 786-1001
고 객 문 의 080-470-7722, www.tolstoi-book.co.kr
기획·편집 이소라, 이은정, 정혜원, 지수진
디 자 인 박미경, 김재욱, 박은경

ⓒ Korea Tolstoi
이 책의 저작권은 한국톨스토이에 있습니다. 본사의 동의나 허락 없이는 어떠한 방법으로도 내용이나 그림을 사용할 수 없습니다.
△ 주의 : 본 교재를 던지거나 떨어뜨리면 다칠 우려가 있으니 주의하십시오. 고온 다습한 장소나 직사광선이 닿는 장소에는 보관을 피해 주십시오.

32 도형 **도형의 이동**

도둑 잡아라! 또둑!

감수 권오남·신준국 | 글 서동선 | 그림 이지희

한국톨스토이

"도둑 잡아라! 도둑!"
후다닥, 후다다닥!
이리로 쏙, 저리로 쏙.
요기에 있다 눈 깜박할 사이에 조리로 짠!

나 잡아 봐라!
나는 무엇이든 밀기 좋아하는
밀기 도둑이지!

세 도둑은 여러 나라를 돌아다니며
귀중하고 값비싼 물건들만 훔쳤어요.
경찰에서는 세 도둑을 잡느라 애를 태웠지만, 쉽사리 잡히지 않았어요.
"이번에는 무엇을 훔쳐 볼까?"
"저 언덕 너머 큰 성에 여러 개의 방이 있대.
보석이 가득한 방도 있고,
아무도 풀지 못하는 신기한 퍼즐이 있는 방도 있대."
"맞아, 나도 들었어. 그런데 각 방에서
열쇠나 퍼즐을 맞출 때는 밀기, 뒤집기, 돌리기만 할 수 있대."
"그래? 그건 우리보고 털어 가란 소리잖아!"
세 도둑의 눈이 동그래졌어요.
"좋아! 우리가 못 맞추는 퍼즐은 없으니까."

영차, 영차!
세 도둑이 밧줄을 타고 커다란 성에 들어왔어요.
세 도둑은 첫 번째로 보석 방으로 들어갔어요.
"우아, 금, 은, 보석이 이렇게나 많다니!"
뒤집기 도둑이 외치자 돌리기 도둑이 말했어요.
"조용! 아침이 오기 전에 서둘러야 해."

커다란 진열장 안에 반짝이는 보석이 있었어요.
그런데 진열장 앞에는 하트 모양의 자물쇠가 채워져 있었지요.
"모양과 크기는 같은데 위치가 다르네. 이걸 어떻게 열지?"
뒤집기 도둑이 말하자 밀기 도둑이 나섰어요.
"걱정 마. 무엇이든 밀기 좋아하는 내가 있잖아!
밀기를 하면 위치가 달라진다고!"

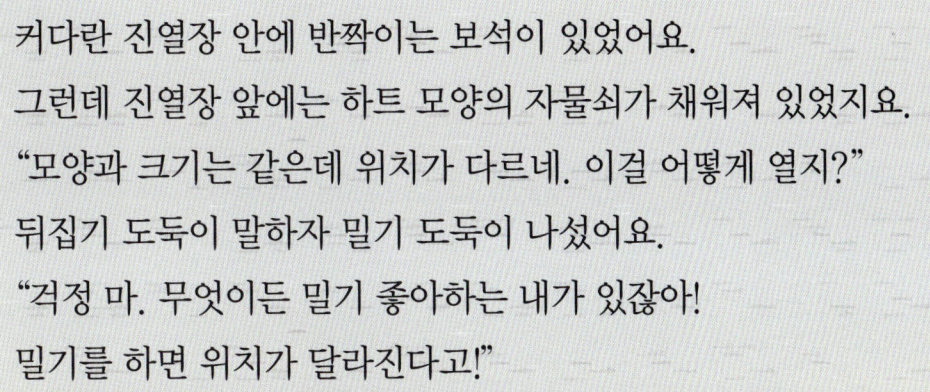

밀기 도둑이 하트 모양의 자물쇠를 왼쪽으로
힘껏 밀자, 철커덕! 자물쇠가 열렸어요.
밀기 도둑은 우쭐하며 말했어요.
"위, 아래, 왼쪽, 오른쪽, 어느 쪽으로 밀어도
모양과 크기는 같고, 위치만 달라지지."
"우아, 멋진걸! 이제 보석을 가져갈 수 있겠어."
세 도둑은 밀기 도둑의 말이 끝나기도 전에 보석을 챙겼어요.

도형을 왼쪽, 오른쪽, 위쪽, 아래쪽으로 밀면 모양과 크기는 변하지 않고 위치만 변합니다.

"이리 와 봐! 여기 보석 상자가 있어!"
밀기 도둑이 소리치자 뒤집기, 돌리기 도둑이 달려왔어요.
"보석 상자가 단단히 잠겨 있어. 어떻게 열어야 할까?"
상자 앞면에는 특이한 모양의 도형이 하나 있고, 그 옆에 도형의 빈 곳이 있었어요.
"두 도형의 모양이 왼쪽과 오른쪽 부분이 서로 바뀌어 있어."
도형의 모양을 이리저리 살펴보던 뒤집기 도둑이 소리쳤어요.
"아! 알았다!"

뒤집기 도둑은 도형을 왼쪽으로 뒤집고,
밀기 도둑이 왼쪽으로 밀어서 도형의 빈 곳에 넣었어요.
철컥 하는 소리와 함께 자물쇠가 열렸어요.
"우아!"
세 도둑은 값비싼 보석을 챙겼어요.

도형을 왼쪽이나 오른쪽으로 뒤집으면
도형의 오른쪽 부분과 왼쪽 부분이 서로 바뀝니다.

이번에는 돌리기 도둑이 또 다른 보석 상자를 발견했어요.
"상자 뚜껑에 있는 도형이 위쪽과 아래쪽 부분이 서로 바뀌어 있어."
뒤집기 도둑은 아주 여유로웠어요.
뒤집기 도둑이 도형을 아래쪽으로 뒤집고, 밀기 도둑이 아래쪽으로 밀자,
철컹!
이번에도 성공이에요.

"여기는 더 많은 보석이 들어 있네. 굉장해!"
세 도둑은 신이 나서 보석을 한 가득 챙겼어요.

도형을 위쪽이나 아래쪽으로 뒤집으면 도형의 위쪽 부분과 아래쪽 부분이 서로 바뀝니다.

"그런데 어떻게 금방 빈 곳에 도형을 맞춘 거야?"
돌리기 도둑이 놀라며 뒤집기 도둑에게 물었어요.
"아주 간단해. 도형을 오른쪽이든 왼쪽이든 옆으로 뒤집으면
오른쪽과 왼쪽 부분이 서로 바뀌거든.
옆에 거울을 두고 비춘 모습과 같아."
뒤집기 도둑이 의기양양해서 말했어요.

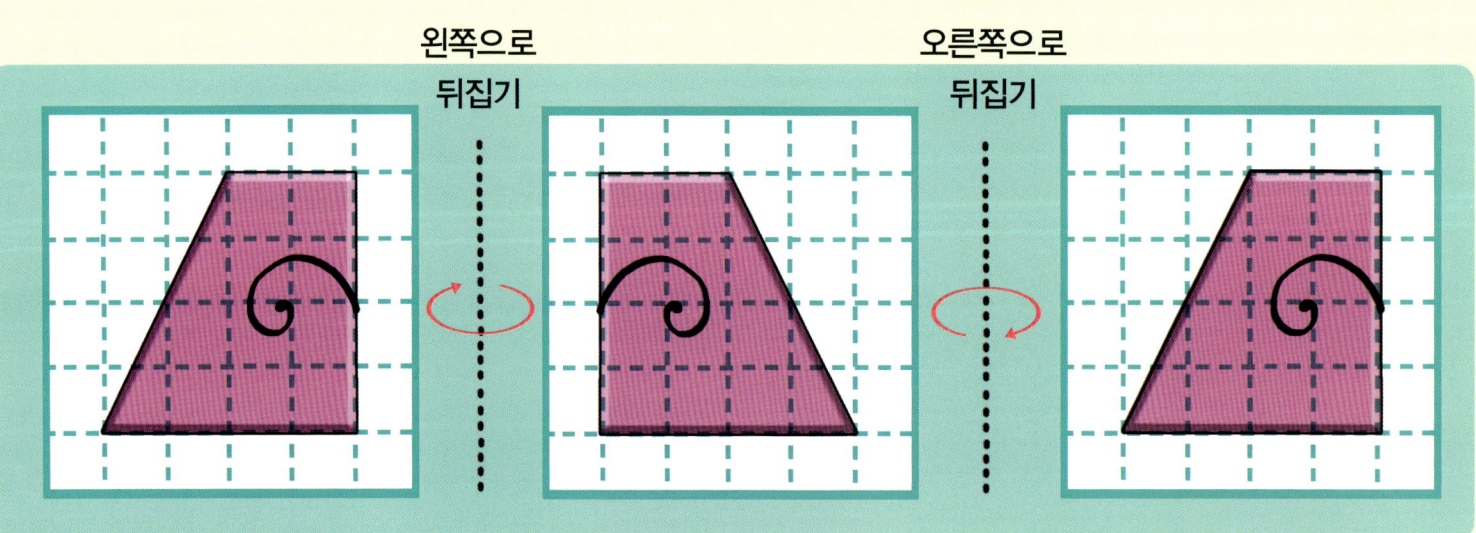

왼쪽 부분은 비스듬하고
오른쪽 부분은 세로로 곧아요.

왼쪽 부분은 세로로 곧고
오른쪽 부분은 비스듬해요.

왼쪽 부분은 비스듬하고
오른쪽 부분은 세로로 곧아요.

그때 돌리기 도둑이 말했어요.
"이제 곧 날이 밝아 올 거야.
보석은 두둑하게 챙겼으니 우리 마지막으로
퍼즐 방에 가서 퍼즐을 멋지게 풀고 가는 거야. 어때?"
"우리가 퍼즐까지 맞추고 가면 경찰들이 더 약 올라하겠지?"
"맞아!"
세 도둑은 약 올라할 경찰들을 상상하니
키득키득 웃음이 났어요.

세 도둑은 조심스럽게 퍼즐 방으로 들어갔어요.
"탁자에 퍼즐 판이 붙어 있어!"
밀기 도둑이 말했어요.
"어서 맞추고 가자!"
세 도둑은 퍼즐 판의 빈 곳을 찾아 맞추기 시작했어요.
첫 번째 퍼즐은 밀기 도둑이 손가락을 댔어요.
"2번 다음인 3번 자리가 비어 있는데,
3번 자리의 모양과 놓여 있는 퍼즐의 모양이 다르잖아."

돌리기 도둑이 밀기 도둑에게 말했어요.
"걱정하지 마! 여기 돌리기 박사인 내가 있잖아!
퍼즐 조각을 시계 방향으로 직각만큼(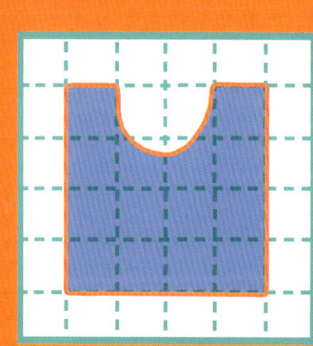) 돌리면 돼."
돌리기 도둑이 말한 대로 퍼즐 조각을 돌리고 밀었더니
3번 자리에 딱 맞았어요.
그리고 3번 번호가 떴어요.

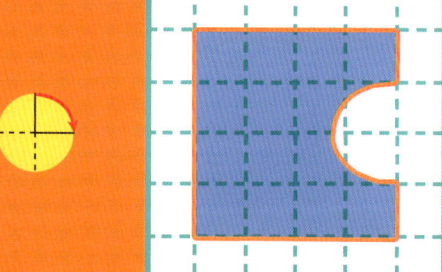

도형을  와 같이 돌리면 도형의 모양은 위쪽은 오른쪽으로,
오른쪽은 아래쪽으로, 아래쪽은 왼쪽으로, 왼쪽은 위쪽으로 바뀝니다.
도형을  와 같이 돌린 모양은  와 같이 돌린 것과 같습니다.

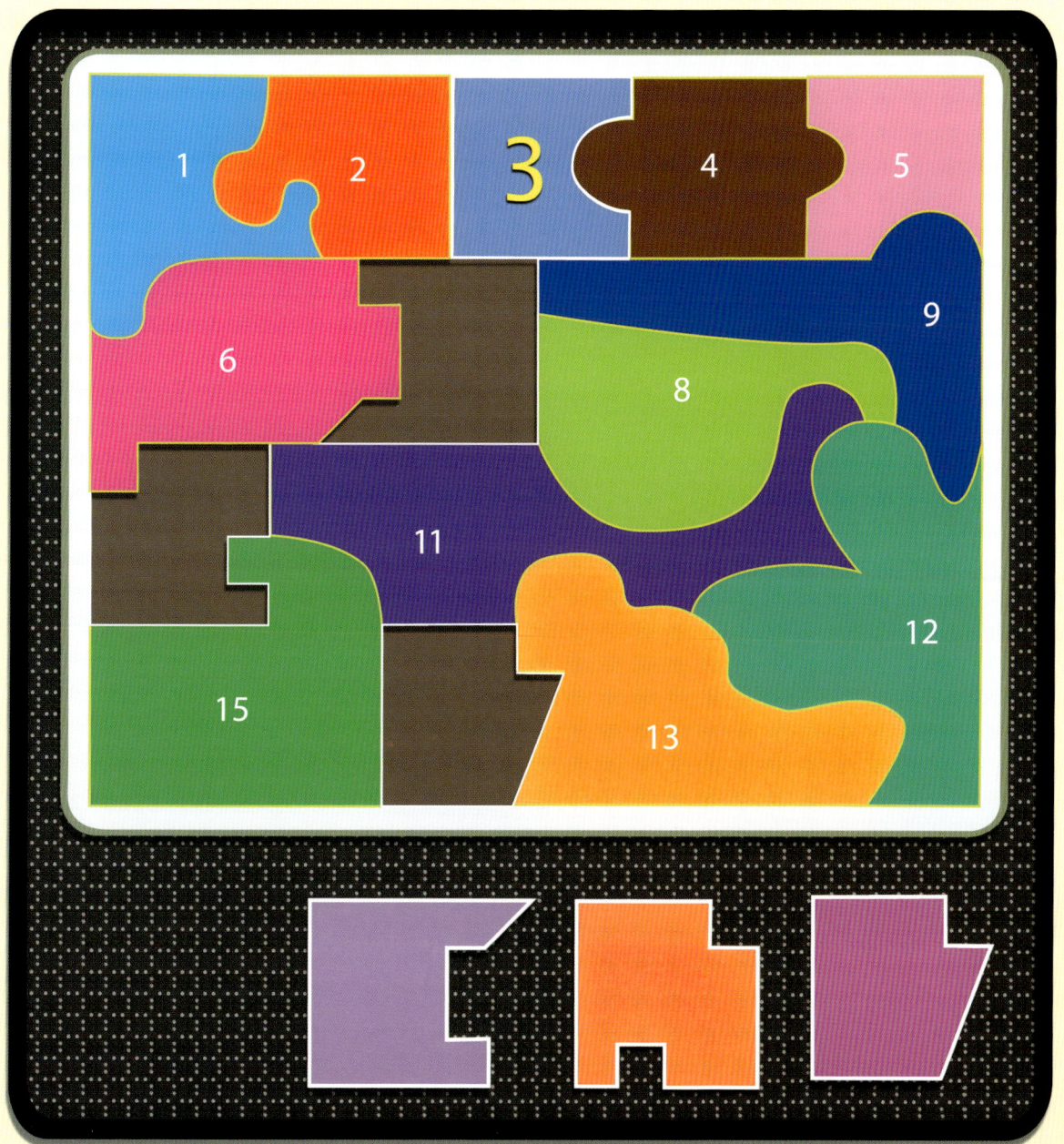

이번에는 뒤집기 도둑이 퍼즐을 집었어요.
"7번 퍼즐은 어떻게 놓아야 할까?"

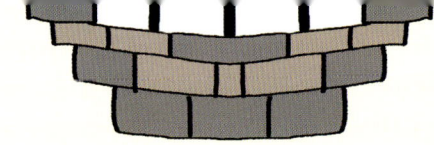

돌리기 도둑이 또 나섰지요.
"퍼즐을 시계 방향으로 직각의 2배만큼( ) 돌려 봐."

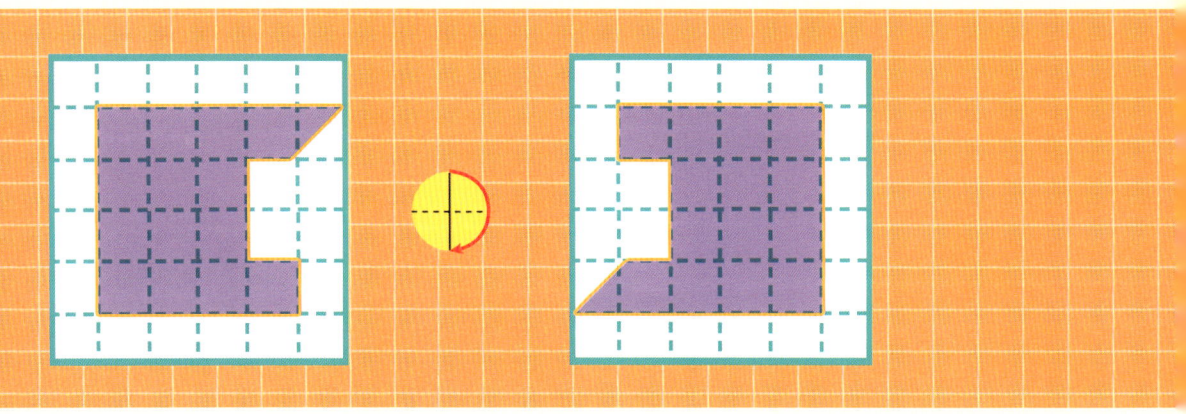

돌리기 도둑이 말한 대로 퍼즐 조각을 돌리고 밀었더니
퍼즐 조각이 7번 자리에 딱 맞았어요. 그리고 7번 번호가 떴어요.

시계 방향으로 직각의 2배만큼 돌리면 돼!

"시계 반대 방향으로 직각의 2배만큼(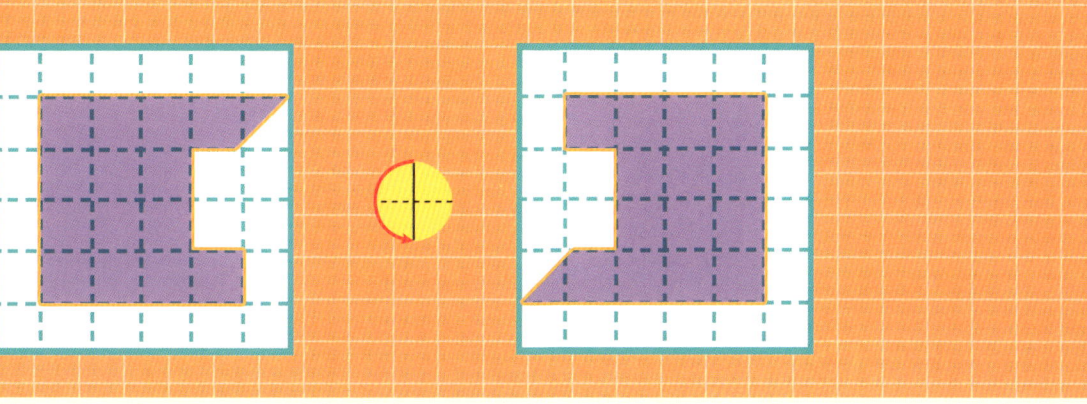) 돌려도 돼."

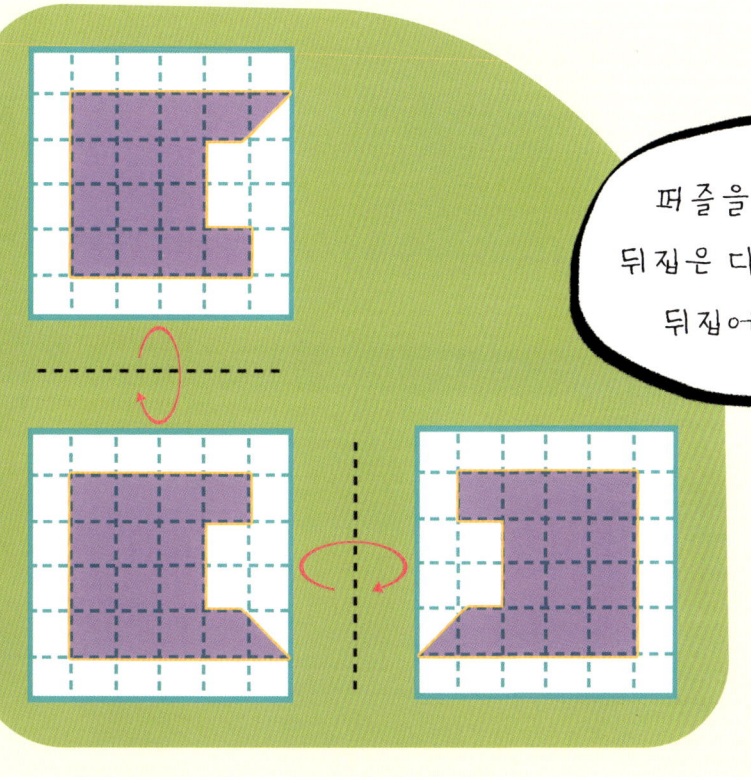

"퍼즐을 아래쪽으로 뒤집은 다음 오른쪽으로 뒤집어도 되는데!"

세 도둑은 서로서로 감탄했어요.
"우린 정말 대단한 퍼즐 박사야!"

도형을 ⊖ 와 같이 돌리면 도형의 모양은 위쪽은 아래쪽으로, 오른쪽은 왼쪽으로, 아래쪽은 위쪽으로, 왼쪽은 오른쪽으로 바뀝니다.
도형을 ⊖ 와 같이 돌린 모양은 ⊖ 와 같이 돌린 것과 같습니다.

완성!
세 도둑이 숫자 퍼즐을 완성하고 환호를 지르려는 순간!
"삐용삐용~."
밖에서 경찰차 소리가 들렸어요.

그때 경찰들이 들이닥치며 소리쳤어요.
"꼼짝 마라! 드디어 너희 세 도둑을 잡았다!"
"아니, 이럴 수가……."
알고 보니 이 성은 세 도둑을 잡기 위한 함정이었던 거예요.
퍼즐 판도 퍼즐 맞추기를 좋아하는 세 도둑을 위해 만든 거였지요.
퍼즐 맞추기를 시작하면 경찰에 연락이 되게 하여
퍼즐 판을 다 풀 때까지 경찰이 오는 시간을 벌었던 거랍니다.

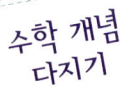

밀기, 뒤집기, 돌리기를 알아요

평면도형을 이동시키는 방법에는 밀기, 뒤집기, 돌리기의 방법이 있어요.
밀기, 뒤집기, 돌리기는 합동이나 대칭, 평면도형의 성질을 이해하는 기초가 돼요.
세 도둑이 보물을 훔치는 과정을 통해서 밀기, 뒤집기, 돌리기를 알아보아요.

✱ 밀기를 알아보아요

밀기는 도형을 왼쪽, 오른쪽, 위쪽, 아래쪽의 어느 방향으로 밀어도 모양과 크기는 변하지 않고 도형의 위치만 달라집니다.

밀면 위치만 달라져.

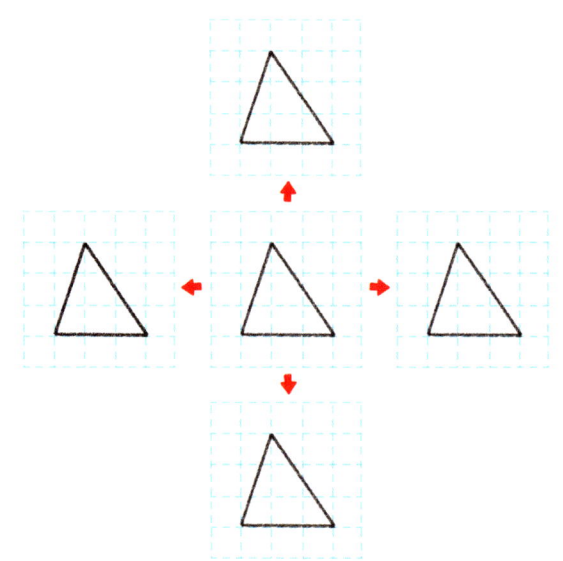

✱ 뒤집기를 알아보아요

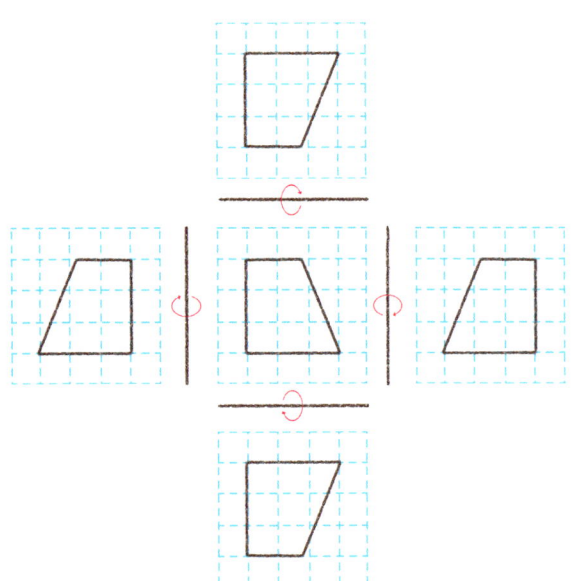

뒤집기는 도형을 오른쪽이나 왼쪽, 즉 옆으로 뒤집으면 도형의 오른쪽과 왼쪽 부분이 서로 바뀝니다.

도형을 위쪽이나 아래쪽으로 뒤집으면 도형의 위쪽과 아래쪽 부분이 서로 바뀝니다.
도형을 뒤집는 쪽으로 거울을 놓고 보면 도형을 뒤집은 모습은 거울에 비친 모습과 같아요.

✽ 돌리기를 알아보아요

돌리기 기호는 다음과 같아요.

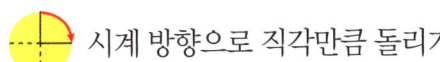 시계 방향으로 직각만큼 돌리기　　　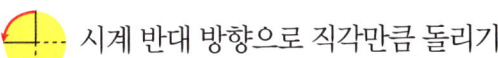 시계 반대 방향으로 직각만큼 돌리기

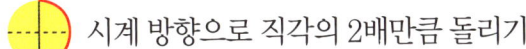 시계 방향으로 직각의 2배만큼 돌리기　　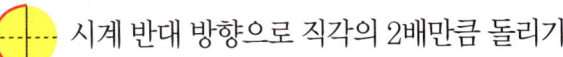 시계 반대 방향으로 직각의 2배만큼 돌리기

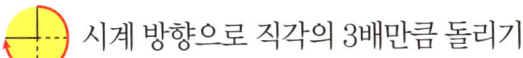 시계 방향으로 직각의 3배만큼 돌리기　　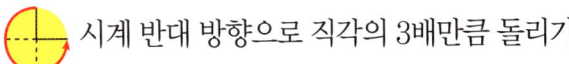 시계 반대 방향으로 직각의 3배만큼 돌리기

 시계 방향으로 한 바퀴 돌리기　　　　　 시계 반대 방향으로 한 바퀴 돌리기

오른쪽으로 직각만큼, 왼쪽으로 직각만큼 돌려 보아요.

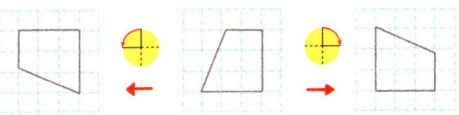

도형을 와 같이 돌리면 도형은
위쪽 부분은 오른쪽 부분으로
오른쪽 부분은 아래쪽 부분으로
아래쪽 부분은 왼쪽 부분으로
왼쪽 부분은 위쪽 부분으로 바뀝니다.

도형을 와 같이 돌리면 도형은
위쪽 부분은 왼쪽 부분으로
왼쪽 부분은 아래쪽 부분으로
아래쪽 부분은 오른쪽 부분으로
오른쪽 부분은 위쪽 부분으로 바뀝니다.

✽ 다르게 돌렸는데 같게 되는 것을 알아보아요

시계 방향으로 직각의 2배만큼 돌린 도형은 시계 반대 방향으로 직각의 2배만큼 돌린 도형과 같아요. 시계 방향으로 직각만큼 돌린 도형은 시계 반대 방향으로 직각의 3배만큼 돌린 도형과 같아요. 시계 반대 방향으로 직각만큼 돌린 도형은 시계 방향으로 직각의 3배만큼 돌린 도형과 같아요. 즉, 화살표 끝부분이 가리키는 위치가 같게 돌렸을 때 같은 도형이 돼요.

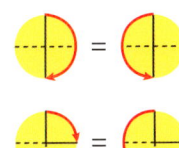

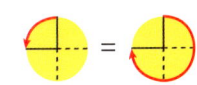

펜토미노가 무엇인가요?

펜토미노(Pentomino)는 고대 로마에서 유래된 놀이로 접두어 펜(penta-)는 '다섯 개의' 라는 의미가 있고, 미노(mino)는 조각이라는 뜻이 있습니다.
그러니까 펜토미노는 크기와 모양이 같은 5개의 정사각형으로 이루어진 조각을 이용한 퍼즐 놀이입니다.
5개짜리 조각은 12개의 알파벳 모양으로 되어 있습니다.
펜토미노를 밀고, 돌리고, 뒤집어서 아래와 같은 여러 가지 직사각형을 만들 수 있어요.

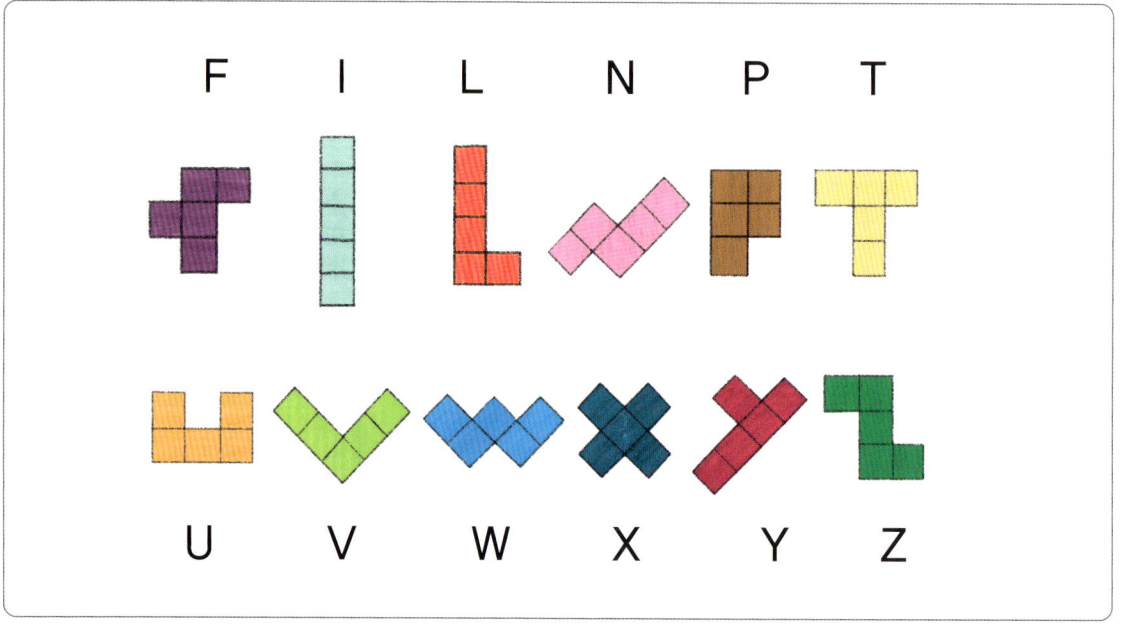

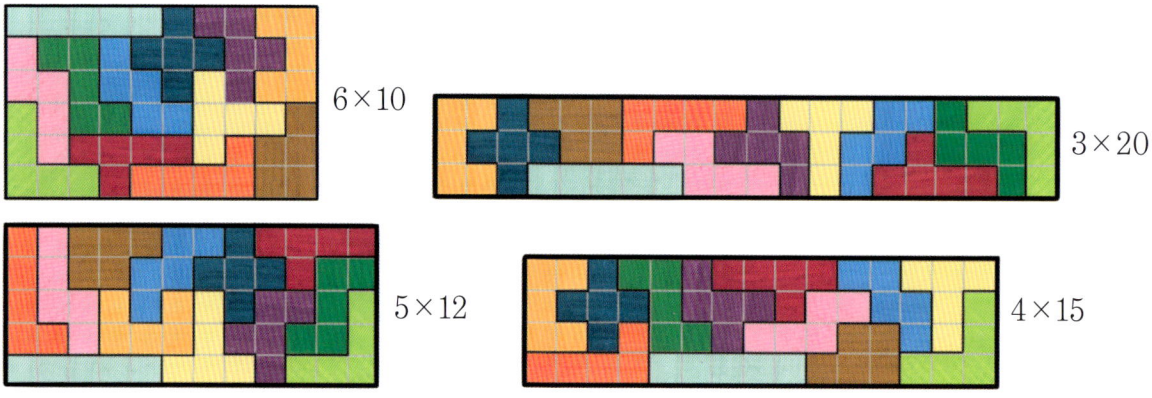

테트리스가 무엇인가요?

테트리스는 알렉세이 파지노프라는 러시아 사람이 1985년에 어린이들의 공간 지각력을 길러 주기 위해서 만든 게임이라고 해요.

그는 수학과 영화에 관심이 아주 많았고, 수학에는 굉장히 뛰어난 재능이 있어서 따로 교육을 받기도 했대요.

수학에 뛰어난 재능이 있는 만큼 그가 만든 게임도 무척 수학적이에요.

서로 다른 7가지 평면도형을 직각만큼씩 몇 배로 돌려서 빈틈없이 채워 넣어야 점수가 올라가는 게임입니다.

▲ 테트리스 게임

도장 글씨를 어떻게 새길 수 있을까요?

테트리스가 도형의 이동 방법 중 직각만큼의 몇 배씩을 돌려서 하는 돌리기를 이용한 것이라면, 도장 글씨는 어떤 것을 이용하여 새길까요?

도장 글씨는 실제와 오른쪽 왼쪽이 뒤바뀐 모양입니다. 그러니까 옆으로 뒤집은 모양입니다.

그럼 어떻게 새길 수 있을까요?

투명 종이에 글씨를 쓴 후에 뒤집어서 그 모양을 따라 새기면 됩니다.

▲ 도장　　▲ 도장을 찍은 모습

스토리텔링 개념수학

수와 연산
01 **수의 이해** 키 작은 마녀 클라라
02 **두 자리 수의 자릿값** 수척척 아저씨의 물건 보관소
03 **세 자리 수의 자릿값** 콩알 지키기 대작전
04 **10의 이해** 꾀 많은 꼬마들에게 속은 거인들
05 **덧셈과 뺄셈의 이해** 황금 물고기의 선물
06 **받아올림 있는 덧셈의 원리** 신 나는 주말농장 이야기
07 **받아내림 있는 뺄셈의 원리** 파루 할머니의 의상실
08 **곱셈의 이해** 새로운 추장은 누가 될까?
09 **곱셈구구** 덜렁 마법사의 조수는 최고!
10 **올림이 없는 곱셈** 특별한 선물을 주고 싶어!
11 **올림이 있는 곱셈** 별빛 오케스트라의 특별한 공연
12 **나눗셈의 이해** 우리는 올림픽 꼬마 도우미
13 **나눗셈** 나누어야 살 수 있어요!
14 **분수의 이해** 꼬마 인디언, 똑같이 나누어 주세요
15 **분수의 덧셈과 뺄셈** 뿌글뿌글 할아버지네 책방의 비밀
16 **분수의 곱셈** 숲 속 마을 겨울나기
17 **소수의 이해** 쫄깃쫄깃 도토리묵 대소동
18 **소수의 덧셈과 뺄셈** 루크 형제님, 도와줘요!
19 **약수** 푸른별로 모두 함께 가요
20 **배수** 으슥으슥 숲 속, 오싹오싹 식당
21 **음수** 겁쟁이 치치와 겁쟁이 음수 유령
22 **수 이야기** 수 박사님의 재미있는 인터뷰

도형
23 **도형의 이해** 점선면체 이야기
24 **원** 어린 목수 마루
25 **각과 각도** 각 나라 각 공장
26 **삼각형** 내가 누군지 기억이 안 나
27 **사각형** 지혜로운 딸의 선물
28 **다각형** 솜씨 좋은 조르주 씨
29 **입체도형** 도형들이 힘들어요
30 **입체도형의 전개도** 최고의 재활용 센터 되기 프로젝트
31 **쌓기나무** 일꾼 다리, 무령왕릉을 만들다
32 **도형의 이동** 도둑 잡아라! 도둑!
33 **합동과 닮음** 피라미드의 보물을 찾아라
34 **대칭** 무무와 할아버지의 나비

측정
35 **시각과 시간** 바쁘다바빠 씨의 하루
36 **달력** 사람이 되고 싶어
37 **길이** 이상한 나라의 율리
38 **들이** 아비브 장가가는 날
39 **무게** 최고의 요리사가 될 거야
40 **둘레** 야드와 마일의 아름다운 궁전
41 **넓이** 화가 할아버지의 요술 붓
42 **부피** 달달이의 각설탕 공장
43 **어림하기** 욕심꾸러기 아주머니와 게으른 아저씨
44 **화폐** 놀이동산에 놀러 갔어요
45 **측정의 역사** 미터 박사의 척척 재기

규칙성
46 **패턴 규칙** 요술 가루를 찾아서
47 **다양한 변화 규칙** 왕자님! 규칙을 찾아 주세요
48 **등식과 저울** 햇볕 쨍쨍한 날에!
49 **대응 규칙** 도서관에서 생긴 일
50 **정비례** 맘대로 바이러스를 퍼트려라
51 **비와 비율** 루루와 리리의 레몬주스

확률과 통계
52 **분류와 집합의 이해** 최고의 괴물 선발 대회
53 **표와 막대그래프** 금은이잔뜩 마을의 사또
54 **그림그래프와 꺾은선그래프** 생쥐의 꿈이 이루어지다
55 **평균** 우리는 천하무적 해적 팀!
56 **경우의 수** 늑대 토르와 아기 돼지 포
57 **확률** 롤러코스터를 탈 가능성은?

부록
58 **워크북1** 수와 연산1
59 **워크북2** 수와 연산2
60 **워크북3** 수와 연산3
61 **워크북4** 수와 연산4
62 **워크북5** 도형1
63 **워크북6** 도형2
64 **워크북7** 측정1
65 **워크북8** 측정2
66 **워크북9** 규칙성
67 **워크북10** 확률과 통계
68 **활용 지침서**